AF242608

L'EMPEREUR

PARIS

A. DURAND ET PEDONE LAURIEL

9 RUE CUJAS.

—

1869

L'EMPEREUR

I.

NAPOLÉON Ier

Quand on étudie l'histoire des batailles du premier Empire, et que, sans chercher la raison et le
sens philosophique des événements, on se laisse aller
aux séductions du récit, on est frappé du peu qui
reste aujourd'hui de cette immense épopée.

Des splendides conquêtes du grand capitaine, rien
ne subsiste en effet, rien ou presque rien.

Dira-t-on que ç'a été pour répandre les idées françaises que notre sang a coulé sur tous les champs
de bataille de l'Europe et du monde?

Mais ce maigre résultat, bien chèrement acheté,

devait être amené tôt ou tard par la fréquence de plus en plus grande des rapports internationaux.

Cherchez bien et vous serez forcé de convenir que ces gloires, qui nous ont bercés et enivrés pendant quinze ans, ne nous ont rien laissé en héritage.

Votre esprit s'attristera, et involontairement, vous penserez à ces paroles désespérées qu'on prête au prisonnier de Sainte-Hélène, et qu'il a dû dire avec une profonde amertume : « Ah ! que ne suis-je mon petit-fils ! »

Mais si, l'esprit dégagé de tout parti pris, on s'attache à chercher le sens philosophique renfermé dans l'histoire des batailles et des conquêtes du premier Empire, c'est-à-dire à découvrir les desseins de la Providence dans le cours de ces années étonnantes et glorieuses ; si en même temps on réfléchit aux circonstances extraordinaires qui ont amené l'avénement au trône de l'empereur Napoléon III, avénement merveilleux d'inattendu, on acquiert la conviction que l'œuvre napoléonienne, loin d'être un prodige isolé, une exclamation de l'histoire, sera l'histoire elle-même, et que le Cinq Mai 1821, sur le lit de mort de Napoléon Ier, son prologue seul était terminé.

J'ignore si cette façon d'envisager ce point de l'histoire contemporaine m'attirera autre chose que des dénégations railleuses, il m'importe peu, je n'en

persévérerai pas moins à soutenir, d'après l'examen
des faits et de leur suite, que cette manière de voir
est la seule explication plausible et rationnelle de
l'action providentielle sur la politique moderne.

Voyez plutôt :

En 1830, par esprit de réaction contre le gouvernement qu'elle vient de renverser, la monarchie
de Juillet fait des fonctionnaires de tous les bona-
partistes destitués en 1815.

Au mois de décembre 1840, les Anglais croyant
en avoir bien fini avec le captif de Sainte-Hélène,
rendent son corps à la France, son corps fermé dans
sept cercueils !

Le gouvernement l'accepte pour s'en faire un ins-
trument de popularité, et Dieu nous le donne pour
raviver à nos yeux les couleurs du manteau impé-
rial et nous réhabituer aux battements d'ailes de
l'aigle.

Le prince Louis Bonaparte, dans un temps de scepticisme politique, garde, fugitif, prisonnier ou errant,
une foi inébranlable en sa destinée, et pour nous fa-
miliariser de nouveau avec les idées d'empire et
d'empereur, il tente deux fois d'escalader le trône.

Puis voilà que tout à coup, quand les temps sont
mûrs, les fautes d'un gouvernement aveugle lui

préparent une révolution que Dieu lui apporte toute faite comme un pont pour traverser la Manche.

Franchement, que signifie tout cela ?

Je le demande aux esprits calmes et indépendants : est-il possible de ne voir dans ces brusques revirements politiques que des coups de théâtre, des changements de décorations à vue qui se produisent tout à coup dans le but stérile d'éblouir nos regards et de confondre nos pensées ?

Ne devinez-vous pas dans ces prodigieuses évolutions de l'histoire l'action d'une intelligence supérieure qui, servie par une force irrésistible, nous pousse où elle veut ?

Allons, baissez vos têtes orgueilleuses, libres penseurs, philosophes du hasard, baissez vos têtes orgueilleuses, et avouez que le doigt de Dieu est là !

Oui, la Providence gouverne le monde, l'homme s'agite et Dieu le mène, et Dieu a voulu qu'au-dessus de ces ruines immenses entassées par Napoléon Ier à la place où fut l'ancien monde, un seul nom resplendît pour glorifier une race.

Oui, l'ère napoléonienne dont nos pères ont vu l'aurore, doit s'étendre et rayonner sur la France et sur le monde.

Oui, l'empereur Napoléon III, le glorieux représentant de cette dynastie de l'avenir, a une mission providentielle à remplir, dont l'origine ne date pas du 10 Décembre 1848, mais de ce jour où, dans une île de la Méditerranée, une femme, surprise par les douleurs de l'enfantement, laissait tomber, sur le tapis de sa chambre, un enfant à qui la famille assemblée donnait le nom de NAPOLÉON.

Voilà ma manière de voir, et je vous assure que je ne crois pas être un illuminé.

II.

L'EUROPE

Trois races se disputent l'empire du monde civilisé.

La race slave, les races saxonne et anglo-saxonne, et la race latine.

La race slave, encore engagée dans les liens de la barbarie, est poussée à la conquête par un appétit brutal.

La race saxonne, en pleine civilisation, est opposée front à front à la race latine ; celle-ci a pour elle le passé, le monde lui doit tout ce qu'il est.

La Russie est à la tête de la race slave.

L'Allemagne représente la race saxonne.

12

L'Angleterre, et, peut-être en avant d'elle, l'Amérique du Nord, sous le nom d'Anglo-Saxonne, représentent l'une et l'autre une branche de cette race.

La France, la plus haute expression de la race latine, en est l'avant-garde.

Que réserve l'avenir à ces trois bras du fleuve humain ?

Il en est qui, frappés de l'immense étendue du colosse moscovite, croient au triomphe définitif de la race slave

D'autres, en écoutant ce cliquetis d'armes qu'on entend du côté de l'Allemagne, deviennent inquiets.

Ceux-là croient apercevoir le signe de la domination future dans les mouvements de la jeune et libre Amérique.

Aux yeux d'un grand nombre enfin, la race latine va jouer sa dernière partie.

Ceux-ci, libres penseurs sans doute, croyant peu aux promesses de durée du catholicisme, et le jugeant incapable de diriger dans les voies du progrès les nations qui se sont confiées à lui, appuient leur opinion sur les faits suivants :

En Espagne, dépérissement général ;

En Italie, incapacité politique ;

En France, anarchie dans les idées, versatilité, ralentissement dans l'accroissement de la population. Ils mentionnent encore la tendance qu'ont universel-

lement les masses rurales en France , à venir s'en-
tasser dans les grands centres, à se mettre par conséquent en contradiction flagrante avec la nature du
pays qui est essentiellement agricole , signe carac-
téristique de la déchéance des empires, disent-ils.

Il me semble que l'existence et le développement
simultanés des trois races sont indispensables à l'é-
quilibre du monde, parce que chacune de ces races
a sa raison d'être.

Chassée de chez elle par un climat terrible, la
Russie aspire à l'envahissement de contrées plus fa-
vorisées du ciel. Le résultat de cette invasion sera
de rajeunir, à l'aide de peuplades à demi sauvages,
le sang de ces foules abâtardies qui s'agitent sur
les rivages du Levant.

L'Allemagne représente l'idée spéculative et agit
peu.

L'Angleterre, les États-Unis, ingénieusement ap-
pelés, je ne sais plus par qui, les pionniers de la civilisation, s'acharnent sur la matière, la transforment
et préparent l'invasion des idées.

La France se passionne pour l'idée allemande, elle
lui donne ce qui la rend réalisable et lutte avec l'Angleterre et l'Amérique pour la transformation maté-
rielle de l'univers.

Heureux chez lui, le Français n'éprouve pas le
besoin de coloniser ou de conquérir, mais qu'en un

14

coin du monde une grande idée soit en défaillance,
il part pour aider à son triomphe.

Tandis que la Hollande, l'Angleterre et l'Amérique
confient aux mers lointaines des vaisseaux chargés
de marchandises qu'elles versent sur des rivages
presque inconnus, la France aborde les terres de l'extrême Orient, et d'un redoutable navire de guerre,
on voit descendre un pauvre prêtre; il a quitté sa pa-
trie pour venir apporter l'idée catholique à des sauvages qui le mangeront peut-être.

Aussi, dans l'esprit enfant de ces peuples, la France
passe-t-elle pour dédaigner le commerce et n'avoir
souci que de défendre les Européens contre les insul-
tes des idolâtres, et ses missionnaires contre les stu-
pidités féroces d'un mandarin ou d'un vice-roi.

Gesta Dei per Francos.

Les races slave, saxonne, anglo-saxonne et latine,
peuvent donc, sans se nuire réciproquement, avoir
leur place dans l'univers ; les unes et les autres ont
leur sphère d'action, dans laquelle il leur est facile
de se mouvoir à l'aise et indépendamment de leurs
voisines.

Mais, d'ici à ce que cette sphère d'action soit parfaitement définie et que les peuples aient pris leur
courant, il y aura une lutte et une lutte terrible : te-
nons-nous prêts et n'oublions pas que l'histoire nous
parle de nations anéanties, de même qu'elle nous

fait voir des souverains renversés, parce que les uns
et les autres s'étaient rendus incapables d'accomplir
la mission que Dieu leur destinait.

L'empereur Napoléon III, placé par la Providence
à la tête du peuple français, doit, lui et ses succes-
seurs, protéger et défendre la race latine dans le duel
formidable qu'elle va avoir à soutenir contre les races
rivales.

La sagacité politique de l'empereur a certaine-
ment deviné cette situation.

Croyez-vous que ce soit en vue de stériles repré-
sailles de 1815 que nos troupes sont allées en Crimée et en Italie?

N'est-ce pas plutôt pour arrêter la race slave dans
la personne de la Russie, la race slave qui voulait,
aux dépens de notre influence politique, mettre la
main sur cette Constantinople tant convoitée, qu'il a
ordonné à son armée de renverser Sébastopol; et
pour repousser la race saxonne, alors représentée par
l'Autriche, qui cherchait à opprimer un des membres
de la famille latine par sa domination exclusive dans
la Péninsule, qu'il est allé commander lui-même sur
les champs de bataille de Magenta et de Solférino?

Le tour de la Prusse viendra puisqu'elle a la prétention de se mettre à la tête de la race saxonne et
qu'elle semble afficher des projets de conquête qui
pourraient la faire sortir de ses limites naturelles.

Son tour viendra, vous dis-je....... mais mon devoir est de me taire pour ne pas attiser le feu.

Cette pensée d'une revanche de 1815 était si profondément entrée dans les esprits au commencement de l'empire, qu'à cette époque on s'attendait chaque matin, en ouvrant le *Moniteur*, à y lire une déclaration de guerre à l'Angleterre.

La guerre n'a pas eu lieu, l'Angleterre est devenue notre alliée... notre alliée du moment; l'empereur a su l'entraîner dans notre sphère d'action et la mener à notre suite sous les murs de Sébastopol, au pied des remparts de Bomarsund, et plus tard aux confins de l'extrême Orient, au cœur de l'empire chinois.

Nos grands journaux n'envisageaient pas ainsi la guerre de Crimée et celle d'Italie; je ne peux oublier que les fins politiques de ce temps-là, au moment où partaient nos glorieuses phalanges pour les champs de bataille de la Lombardie, disaient avec un air sententieux : « Terrible guerre si la France a des revers, plus terrible si elle a des succès. »

Il y a bien encore l'expédition du Mexique. Me sera-t-il permis d'en parler sans soulever des cris d'indignation ?

Et cependant, n'était-ce pas une grande et féconde idée ?

Créer entre l'Amérique anglo-saxonne du Nord et l'Amérique latine du Sud un empire latin, fondé par l'influence et les armes françaises, gouverné par un prince saxon, opposer ainsi la race à la race et produire en politique ce phénomène de neutralisation que les physiciens constatent quand deux électricités de même nature viennent à se rencontrer : voilà la pensée de l'expédition du Mexique.

Les Yankees ne s'y sont pas mépris, et je ne suis pas sûr que les balles qui ont arraché à l'infortuné Maximilien la couronne et la vie, n'aient pas été fondues à Washington.

Donc, dans les grandes guerres de race que l'avenir semble nous réserver, la France doit protection aux peuples de race latine, à ceux qui ont avec elle communauté d'origine, et elle doit les prendre pour alliés naturels.

Voilà le sens de l'action napoléonienne sur le monde.

Il a été souvent parlé d'Empire d'Occident. Cette idée grandiose qui a dû venir à l'esprit de plus d'un courtisan, est moins irréalisable qu'on ne le pense.

Des événements tellement menaçants pour la race latine peuvent se produire, que la faiblesse relative de divers membres de cette famille les contraindra, le cas échéant, à se mettre sous la protection immédiate et directe de la France, à accepter franchement sa suzeraineté, et alors l'empire d'Occident étant la conséquence forcée de cette situation, cessera d'être un rêve pour devenir une réalité magnifique qui sera le couronnement de l'édifice napoléonien.

Tout cela est fort beau sans doute, mais l'empereur ne peut accomplir ces grandes choses, faire subir au monde l'influence de l'idée napoléonienne qu'à la condition d'en assurer le triomphe définitif en France.

Qu'est-ce donc que la France, et que doit être pour elle l'action napoléonienne ?

III.

LA FRANCE

Le nom de Napoléon fait invinciblement naître dans l'esprit l'idée de la force et l'idée de l'ordre.

Voilà en deux mots à quoi se résume et comment doit se formuler l'action napoléonienne sur la France.

« Que les méchants tremblent et que les bons se rassurent, » écrivait avec raison l'Empereur dans les premiers jours de son avénement. Notre société, si profondément tourmentée, se compose, en effet, de gens bien intentionnés, d'hommes faibles et d'hommes pervers ; seule, la force peut avoir raison de ceux-ci, ceux-là ne demandent qu'à être ramenés des

fausses théories qui les ont séduits ; les premiers ré-
clament un chef, un guide pour l'accomplissement de
ce bien qui est l'aspiration de leur vie, ce sont eux
surtout qui doivent ressentir les bienfaits de l'idée de
l'ordre.

Quels sont les pervers, quels sont les faibles, quels
sont les bons, c'est-à-dire où doit agir la force, où
doit se faire sentir l'ordre ?

Afin que cet examen soit sérieux, philosophique et
indépendant de tout esprit de parti, pénétrons-nous
de cette pensée que la France étant un pays de race
latine, ce qui convient à la race slave, à la race
saxonne, ne saurait lui être en tout applicable ; d'où il
suit que telles théories politiques peuvent être subversives pour la France et salutaires à d'autres nations,
puisqu'elles n'ont pas la même origine ; la réciproque
peut avoir lieu.

Ceci posé, jetons sur la France un coup d'œil ra-
pide, voyons ce qu'elle est, comment elle se comporte
avec les idées nouvelles des sociétés modernes, et
faisant intervenir dans notre argumentation les nécessités inhérentes aux peuples de la race latine,
nous arriverons peut-être à connaître les destinées
de la France, à prédire où elle ira et ce que doivent
être pour elle les dernières étapes de la civilisation.

Quand on étudie la France homme par homme en
quelque sorte, on est effrayé de l'immense anarchie

d'idées qui règne chez elle, et on pense à ces mots que Tacite écrivait d'un autre temps et d'un autre peuple : « *Tot capita, tot sensus.* »

Seulement il faut être vrai. A nous appliquée, la formule de Tacite n'est pas exacte, car je connais beaucoup de gens qui possèdent à eux seuls un nombre respectable d'idées contradictoires.

Osons le dire : la France est le pays des idées fausses. Elles n'y vivent pas longtemps, mais elles y poussent, et tant qu'elles durent, elles se développent et fleurissent avec une surprenante facilité.

Voltaire, ce type de l'esprit français, armé de son faux bon sens, a perverti les générations modernes et doit être considéré comme un des chefs de l'invasion des idées fausses.

Que de sottises, que d'inepties ont été dites et imprimées depuis cet homme, en philosophie, en morale, en esthétique et en politique !

Si nous étions de placides et rêveurs Allemands, ces choses n'auraient pas un grand inconvénient social : maintenues immobiles dans le domaine des intelligences, ces idées funestes n'en sortiraient jamais et seraient semblables à des livres dépareillés qui moisissent sur les rayons d'une bibliothèque qu'on n'ouvre plus.

Mais, comme il est dans notre nature de mettre promptement à exécution ce que nous avons imaginé, il nous est arrivé souvent de faire apparaître sur la place publique des idées baroques, entourées d'une mise en scène impossible.

Divertissant spectacle, si la terreur parfois ne venait à s'en mêler !

Le respect, comme on sait, n'étant pas chez nous la vertu des innovateurs, que d'institutions vénérables ils ont voulu violemment anéantir, que de croyances sacrées ils ont eu la prétention, quand le pouvoir était dans leurs mains, de supprimer par un simple décret !

En 1793, le Dieu des chrétiens gêne les réformateurs ; ils ferment ses églises et massacrent ses ministres ; mais voilà que cette solitude qu'ils ont faite les gêne plus encore, ils déclarent insuffisante la déesse Raison et inventent la théophilanthropie.

Je ne sais jusqu'où ils seraient allés en paroles et en actions, si le jeune Premier Consul, en rendant nos églises aux pompes du vieux culte, n'eût arrêté ces insensés et ne leur eût imposé silence.

L'indifférence religieuse qui nous ronge aujourd'hui en vaut-elle mieux, et la légèreté, l'ignorance avec lesquelles les écrivains les plus célèbres de France traitent trop souvent de ces matières n'inspirent-elles pas une profonde pitié aux esprits sérieux, quel que soit le culte qu'ils professent ?

Voilà pour la religion.

Je n'ai, bien entendu, pas la prétention, en cet écrit restreint, de suivre MM. les inventeurs dans les excursions hardies et savantes qu'ils se permettent sur le domaine de la morale, de la philosophie et des arts.

Seulement, à ce propos, j'ose prier en passant ceux qui me feront l'honneur de me lire de déplorer avec moi l'abaissement actuel du théâtre en France.

Le vent est à la parodie, le succès à la farce, la musique est condamnée à exprimer des sentiments grotesques et la poésie a la bouche pleine de niaiseries. Les actrices de Paris les plus recommandables par le sérieux de leur talent voient leur renommée éclipsée par celle des figurantes qui se déshabillent le mieux.

Je m'arrête, il faut bien en venir à la politique. Là, même anarchie, même mélange d'idées incomplètes, fausses et subversives.

Avant tout, nous avons ce qu'on est convenu d'appeler les anciens partis : mais les haines et les amours qui ne se traduisent pas en conspiration étant libres, je ne dirai rien d'eux. Ils ne constituent d'ailleurs qu'une situation transitoire et momentanée, une cause de troubles et d'inquiétudes qui, dans un temps plus ou moins éloigné, doit nécessairement disparaître ; l'avenir en fera justice.

Parlons plutôt de quatre-vingt-neuf et de la liberté.

Quatre-vingt-neuf est dans la bouche de tout le monde, c'est une cocarde arborée à tous les chapeaux, c'est un mot d'ordre qui ouvre la porte à tous les ambitieux ; peu de gens ont lu cette constitution fameuse, et ceux qui la connaissent, s'ils pensent à la discuter, n'osent pas le faire. C'est un engouement universel.

N'aimant pas les partis pris, je dirai franchement ce que je pense de la constitution de 1789.

Il faut y voir une protestation violente contre l'ancien régime, je ne crois pas cependant que ces versets célèbres soient destinés à être définitivement ceux de notre évangile politique.

Il règne incontestablement là un très-vif sentiment de la justice, mais sur plusieurs points l'influence a été funeste.

En restreignant, par exemple, le droit de tester si naturel au père, la constitution de 1789 a porté une atteinte sérieuse à la famille dans son origine et à la population dans son accroissement.

Elle a enlevé au mariage ce caractère d'amour et d'entraînement que donne la recherche, et que les autres nations ont conservé comme un trésor de tendresse et de poésie qui embellit la vie par le souvenir.

Chez nous, le mariage est une affaire ; on pourrait dire de lui ce que les traités d'arithmétique disent de l'addition : étant données deux sommes en faire une seule.

Nous sommes le peuple unique au monde chez lequel l'homme à marier puisse avoir l'idée saugrenue de s'en remettre à un notaire pour le choix d'une épouse et le soin de son bonheur futur ; c'est que la dot passe avant tout, la personne de la femme ne vient qu'après.

Je sais bien que le législateur constituant était, en ce temps-là, préoccupé des inconvénients sociaux qui résultent des biens de main-morte et c'est son excuse, mais sa préoccupation a été trop exclusive, car, en abolissant le droit d'aînesse, il a commis une faute redoutable dans ses conséquences, il a avili l'origine de la famille et mis sa propagation à la merci de vils calculs d'intérêt.

Croyez-moi, la Grande-Bretagne a commis de grands crimes politiques, mais la malédiction divine s'arrête devant ses enfants innombrables qui font de cette île une fourmilière, et qui débordant, comme d'une ruche trop pleine, s'en vont peupler, au nom de l'Angleterre, les contrées les plus lointaines, car Dieu bénit les familles nombreuses.

Pour ce qui est de la liberté, la discorde est encore plus grande.

On dit que nous sommes à peu près 36,000,000 de Français, n'y a-t-il pas en circulation un nombre presque égal d'avis sur la liberté ?

Celui-ci en fait le pouvoir de tuer et de détruire,

celui-là d'agir comme il lui plaît, sans le respect d'autrui ou de la loi ; pour l'un, c'est la république ; pour l'autre, c'est la monarchie constitutionnelle ; pour le plus grand nombre, c'est une idée confuse qui fait fermer les boutiques dans les rues où son nom est prononcé trop haut, une idée qui se manifeste par le chant de la *Marseillaise*, par des barricades, par des charges de cavalerie et des volées de mitraille.

Comment se fait-il que nous qui aimons à nous entendre appeler le peuple le plus spirituel de la terre, nous n'ayons pas encore acquis de la liberté une notion juste, nette, et surtout que nous ne parvenions pas à la mettre en pratique ?

Sous ce rapport, nous sommes des enfants profondément ignorants et notre ignorance est crasse, car nous ne paraissons pas vouloir en sortir. C'est que pour connaître la liberté, la pratiquer en soi et la respecter en autrui, il faut être plus calmes que nous ne le sommes, plus maîtres de nos passions, disons le mot, plus vertueux.

Vous dites que vous êtes prêts pour la liberté, mais pourquoi chansonnez-vous les gendarmes et faites-vous de ces admirables soldats qui, en arrêtant les voleurs, défendent la liberté, des êtres grotesques, des bouffons, des têtes de Turc !

Vous dites que vous êtes prêts pour la liberté, mais quand un sergent de ville met la main sur un filou, c'est le filou que la foule protége ; mais, quand dans une émeute la troupe harcelée, insultée, est réduite à faire usage de ses armes, les journaux du lendemain, avec un style cafard, écrivent : Hier, une collision regrettable... Vous savez le reste, ils s'apitoient sur ces pauvres citoyens blessés dans la bagarre ; ils font intervenir les femmes, les enfants, les mères ; ils comptent les coups, ils mettent le doigt dans le trou des balles... et ce soldat qu'on porte à l'hôpital, ce soldat couvert de honteuses blessures, un couteau dans les reins, une bouteille cassée sur la tête, ce soldat victime du devoir n'est-il pas citoyen lui aussi, et n'a-t-il pas dans son pays une mère, des sœurs qui pensent à lui et qui avaient le droit d'espérer que si leur fils ou leur frère venait à tomber, ce ne serait pas dans la rue, mais sur un champ de bataille ? Vous, prêts pour la liberté ! allons donc, en êtes-vous dignes ?

La liberté n'est pas seulement un droit, c'est avant tout un devoir, c'est la première vertu sociale et sa pratique est indépendante de la forme du gouvernement sous lequel on vit.

La liberté est le dernier mot de la civilisation et la république n'est pas le dernier mot de la politique ; ce sont là deux idées entièrement indépendantes l'une de l'autre, car toute nation a le droit et le devoir d'aspirer à la liberté, tandis que la forme du gouverne-

ment d'un peuple dépend de sa nature, de son origine, de son éducation, de sa race, de sa croyance
religieuse.

De bonne foi, pensez-vous que les peuples de race
latine soient destinés à devenir républicains à la façon
des Etats-Unis d'Amérique ?

C'est là, plus qu'on ne le croit, une question religieuse.

Les peuples catholiques ne seront jamais républicains, mais monarchiques. Les individus catholiques
peuvent vivre sous un gouvernement républicain, un
état catholique ne sera jamais républicain.

La raison en est simple ; la religion, pouvoir réellement constituant des nations, leur infuse, en quelque sorte, ses dogmes et ses croyances qu'elles trans-
portent dans leur organisation politique.

Ainsi, la religion catholique qui admet un chef,
un pape, c'est-à-dire un souverain, a vu tous les peuples formés sous sa discipline, transporter, par une
logique naturelle et inévitable, du monde spirituel
dans le monde de la politique, ce dogme de l'unité du
pouvoir.

Les protestants, qui nient l'existence de l'autorité
interprétative des Ecritures et par conséquent l'autorité spirituelle elle-même, par une logique aussi inévitable, n'admettent pas l'unité du pouvoir en politique.

De là, une puissance éminemment discutable, transitoire, élective, s'éloignant de l'hérédité et de tout ce qui lui ressemble, car l'hérédité en politique est le corollaire de l'infaillibilité dans le monde spirituel.

Erigeons en axiome cette formule historique :

Sans esclavage, les républiques anciennes n'ont pu exister ; les républiques modernes ne sont possibles qu'avec le protestantisme.

Chez les nations catholiques, la république n'apparaît qu'à titre de situation transitoire, elle y est toujours un accident, souvent une catastrophe.

Mais l'Angleterre ?... L'Angleterre avec son parlementarisme excessif et son aristocratie est une république olygarchique ; le paupérisme chez elle ressemble singulièrement à l'esclavage, et d'ailleurs, si la révolution dont la menacent les classes inférieures vient à éclater, vous la verrez devenir républicaine et son fantôme de royauté disparaître pour jamais.

L'instinct sert admirablement les partis politiques, il leur fait découvrir sur quels principes doit tomber leur haine.

Voyez avec quel acharnement, chez les peuples de race latine, les hommes qui professent l'opinion républicaine se montrent en général les adversaires du catholicisme.

Ils sentent bien qu'il est l'ennemi né de leurs théories politiques, qu'il porte en lui le renversement de leurs espérances. Aussi, les uns, ce sont les modérés, hasardent sur le mariage des prêtres de timides considérations; les autres, violents, ne peuvent parler de Rome avec sang-froid, ils entendent que le clergé soit détruit, les couvents fermés, les religieuses mariées de force : et tout cela au nom de la liberté !

Voilà pourquoi j'estime que le républicanisme en France doit être considéré comme une idée fausse, réprouvé comme une mauvaise tendance dont les pernicieux effets iront s'affaiblissant sans doute, à mesure qu'avancera notre éducation politique ; mais, en attendant, il s'agit d'en comprimer les aspirations insensées, de poursuivre les sociétés secrètes dont le but est de favoriser l'avénement de la république et de frapper de châtiments sévères tout homme convaincu de compter parmi leurs adhérents.

Sur ces sujets, il règne en France un tel pêle-mêle d'idées, que dans la pensée de tous ou de presque tous, république et socialisme ne font qu'un.

Quoi de plus faux, cependant !

Comme la liberté, indépendante de la forme gouvernementale, le socialisme doit se développer sous tous les régimes.

Qu'est-ce donc que le socialisme, sinon la science sociale ?

Le parfait socialiste se garde de toucher à l'arche

sainte; il vénère ce qui est immuable chez un peuple, ce qui fait partie intégrante de sa constitution, de son être, et ne s'occupe que des points perfectibles de la législation.

Pénétré d'un saint respect pour la propriété privée, il ne connaît à ses droits d'autre limite que l'intérêt de tous, mais dûment constaté.

Considérant la famille comme l'alvéole de la nation, il environne l'autorité du père de tout ce qui la fait respecter, chérir, et de tout ce qui peut accroître son influence sur les jeunes générations.

Il ne se préoccupe pas de la forme gouvernementale, parce qu'il sait qu'elle dépend de la nature des peuples et de leurs croyances.

Empire, royauté, république, tout lui sert à faire avancer l'humanité vers ce but invisible qui, pour les individus est le bien, et pour les sociétés la grande civilisation.

Le socialisme est le progrès organisé, c'est pourquoi je me déclare socialiste. Nous sommes tous socialistes, nous nous en faisons gloire, et cette idée répandue dans les masses, grâce à l'éducation dépravée qu'elles doivent aux sociétés secrètes, que socialisme est synonyme de destruction, est pour nous un blasphème.

Socialisme, socialisme, grand mot, grande infortune ! exprimer une idée si belle et dès sa naissance avoir été accaparé par de tels gens ! C'est un fils de roi tombé dans les mains des truands.

Les partisans du pouvoir parlementaire viennent à leur tour dans ma pensée. Sans une représentation sérieuse et effective de la nation aux conseils du gouvernement ils croient la liberté impossible : ce n'est pas moi qui leur donnerai tort ; mais sommes-nous dès à présent capables de jouir des bienfaits de ce système ?

Comment se fait-il que l'expérience du passé laisse les parlementaires dans l'aveuglement et ne leur fasse pas avouer que notre éducation politique, étant à peine ébauchée, l'installation chez nous du gouvernement représentatif, avec un souverain qui règne et ne gouverne pas, des ministres choisis exclusivement parmi les membres de la majorité de la Chambre, non-seulement ne sauverait rien, mais encore, après quelque temps de cette pratique, amènerait fatalement une révolution.

Quoi! le retour périodique de nos bouleversements ne vous attriste pas? le spectacle de cette pauvre nation française qui tourne dans un cercle inexorable, comme le lion dans une cage de fer, vous est donc si agréable! Pour moi, je déclare en avoir assez.

La Restauration a fait fonctionner consciencieusement le mécanisme du pouvoir parlementaire pendant quinze ans, la monarchie de Juillet pendant dix-huit années a opéré de même, et ni l'une ni l'autre de ces branches de la maison de Bourbon n'a pu être préservée de la catastrophe finale.

Que si vous prétendez voir la chute de la Restauration dans le fait seul des ordonnances de Charles X, je vous inviterai à lire attentivement l'histoire de ce temps, et vous vous convaincrez peut-être que les ordonnances n'ont été qu'un prétexte, car la révolution bouillait dans toutes les têtes, les munitions étaient prêtes pour la bataille, et la tentative de coup d'Etat faite par le vieux roi a été seulement l'étincelle tombée sur la poudre.

Et les ministres de Louis-Philippe en interdisant les banquets réformistes, n'étaient–ils pas dans leurs droits, ne se tenaient-ils pas rigoureusement en deçà des limites des pouvoirs qu'ils devaient à la Charte ?

Soit, me répondra-t–on, les choses sous le régime du suffrage restreint pouvaient tourner ainsi, parce qu'en ce cas, s'il y a division dans les esprits, il se forme un pays qu'on peut appeler pays légal, lequel seul représenté à la Chambre croit être le pays entier, tandis qu'en dehors de cette fraction il se forme une majorité immense qui s'irrite et finit par tout bouleverser dans une explosion de colère. Mais avec le suffrage universel, alors que chaque citoyen par son vote participe réellement à l'action gouvernementale, rien de tout cela n'est à craindre.

34

Je désire que la suite prouve la vérité de votre dire, mais j'aime autant n'en pas faire l'expérience. En attendant, expliquez-moi, je vous prie, pourquoi l'Angleterre avec le suffrage restreint pratique le gouvernement parlementaire depuis de longues années sans que la nation anglaise ait à en souffrir. Est-ce, oui ou non, la preuve que le succès du gouvernement parlementaire ne dépend ni du suffrage universel ni du suffrage restreint, mais de l'éducation politique?

Et d'ailleurs, ce suffrage universel invoqué comme une panacée à tous les maux de l'ordre social, s'est-on bien rendu compte de sa puissance, du sens de son action? Est-on au courant de sa préparation, les résultats ne s'imposent-ils pas souvent comme d'indignes surprises?

Proudhon, ce robuste penseur, s'écria un jour de sa vie de publiciste : « Un pas de plus et le suffrage universel nous perd. »

Que penser d'une arme qui inspire au plus fort des écrivains de cette école de telles épouvantes et qui nous aveugle nous autres conservateurs, quand sa lame dégaînée flamboie au-dessus d'une nation de près de quarante millions d'hommes?

Le suffrage universel, tel que nous l'exerçons aujourd'hui, inexpérimentés que nous sommes, on devrait le comparer aux chemins de fer dans leur état actuel.

Ici et là, enfance de l'art. Nos descendants, lorsque la longue pratique du suffrage unive sel leur aura appris à en conjurer les dangers, et que la science aura perfectionné pour la sûreté des voyageurs et la rapidité du parcours les voies ferrées, nos descendants, dis–je, admireront leurs pères d'avoir osé risquer leur vie, leur fortune, leur avenir dans de pareils hasards. L'espace est dévoré, c'est vrai, mais la machine peut faire explosion, dérailler et précipiter le convoi dans l'abîme..... De fait, cela s'est vu.

Né d'hier, le suffrage universel est faussé par l'indolence des conservateurs. Il est parmi nous des citoyens qui se vantent de ne voter jamais ; entraînés par une indifférence coupable ou un scepticisme invincible, ils se font presque une gloire de s'abstenir.

D'autres, qui semblent ignorer que l'exercice du droit électoral est un devoir sacré, consentent à voter si leurs affaires ou leurs plaisirs n'en souffrent pas trop.

Dans le camp ennemi les choses ne vont pas de même ; sous l'impulsion des sociétés secrètes, on y fait marcher au pas de charge une armée, une armée qui n'a ni déserteurs ni retardataires.

Pour l'élection des députés l'exercice du suffrage universel est faussé encore par un autre fait qui est celui-ci :

Chaque circonscription électorale représente une moyenne de vingt-cinq à trente mille électeurs; il en résulte que, la plupart du temps, l'ouvrier de la campagne et celui des villes ne connaissent pas le candidat pour lequel ils ont voté.

Ils s'en sont remis à ce qu'ils ont entendu dire de favorable sur l'homme et sur son passé, de telle sorte qu'au lieu d'avoir voté avec toute la liberté d'esprit et les lumières de la conscience pour le candidat de leur choix, ils ont aveuglément agi et remplacé par un acte de foi une action qui ne doit être que le travail de la raison. Etrange anomalie, qui prouve une fois de plus qu'en fait de suffrage universel, nous n'en sommes encore qu'à l'époque rudimentaire.

Nous ne savons, en France, rien discuter froidement ; une opposition rationnelle et calme n'est pas dans nos moyens. Si nous acceptons un système (et ce n'est jamais pour longtemps), nous le portons aux nues; quand l'heure du caprice contraire est arrivée, il est traîné dans la boue, nous déjugeant ainsi avec une facilité extrême où la pudeur n'est pour rien.

En présence de pareilles dispositions, qui sont la conséquence du peu d'habitude que nous avons de nous servir des mécanismes de la politique et de notre répugnance à le faire, il a été sage de la part du gouvernement de l'Empereur de ne pas se tenir en dehors des élections et de se faire représenter au

Corps législatif à l'aide des candidatures officielles.

Mais les populations des campagnes, sur lesquelles avec raison compte l'Empereur, vont être dans peu de temps travaillées à tel point par ses ennemis qui ne cessent de le calomnier devant elles, qu'il est à craindre que l'influence préfectorale n'ait plus la force de lutter, et qu'au jour des élections, ces masses toujours bien intentionnées mais ignorantes ne sachent plus dans quel sens elles doivent donner.

Pour les retenir dans les voies gouvernementales, il faut qu'elles soient bien convaincues qu'on s'occupe sérieusement d'elles. Il y a là toute une organisation à introduire, tout un monde à créer, car il serait naïf de croire que les institutions de crédits agricoles ou fonciers formées dans ces derniers temps fassent sentir aux cultivateurs leur influence.

Des spéculateurs à l'affût en ont soutiré et en soutirent chaque jour les plus clairs bénéfices, et le pauvre paysan, qui n'en touche pas un sou, ressemble au paralytique de l'Evangile ; il attend sur le bord de la piscine, mais personne ne songe à l'y plonger au moment où l'ange descend du ciel pour agiter ses eaux.

Je ferai remarquer enfin aux partisans quand même du pouvoir parlementaire, comment la race latine dans son état actuel se comporte vis à vis du gouvernement représentatif.

La France, parmi les peuples de cette origine, celui qui est le plus éloigné de l'Equateur, participe à la fois du caractère des races du Nord et du caractère des races du Midi ; elle a des aspirations de parlementarisme qui peuvent faire illusion, mais qui n'offrent encore aucune sécurité.

L'Italie n'a pas eu le temps de nous donner des preuves de son intelligence politique. En fait de révolutions, l'Espagne avec ses cortès, n'en a pas manqué une, et les Etats de l'Amérique du Sud peut-on compter leurs bouleversements?

D'où il suit qu'il est permis de formuler cette loi : Chez les peuples de race latine tels que nous les voyons aujourd'hui, le plus ou moins d'importance du parlementarisme marche avec la situation géographique.

Au Nord, aspirations vers le parlementarisme ; au Midi, incapacité radicale et répugnance marquée.

Cette étude sommaire de la France serait incomplète si, en la terminant, je ne disais un mot sur la presse, sujet brûlant.

Autrefois le journaliste se contentait de donner les nouvelles et de les commenter; il enregistrait l'opinion et ne la faisait pas naître, cette mission était réservée à l'écrivain, et entre le journal et le livre, il existait un mur qu'on estimait infranchissable.

Aujourd'hui le mur est renversé; personne n'ayant

le goût de la lecture et ne voulant prendre le temps de s'y livrer, on ne lit plus que les journaux, parce que c'est amusant et qu'il est commode de trouver une opinion toute faite. Aussi l'homme qui écrit un livre est sans influence, tandis que le journaliste qui bacle au courant de sa plume un article passable sur un sujet d'actualité voit de jour en jour grandir sa considération.

C'est là une tendance funeste, car il faut bien le dire, quel que soit mon désir de ne blesser personne, le journalisme est un métier, l'intérêt de ce métier est d'arracher la liberté, une liberté immédiate, et de se donner de l'importance en faisant croire, par exemple, que l'opinion de trois ou quatre hommes qui jouissent d'une certaine publicité est l'opinion publique.

Grosse erreur ! si cela était, la masse des Français pour laquelle un journal est encore un objet de luxe n'aurait pas d'opinion, et cependant elle a la sienne, je vous en réponds, et c'est la bonne, car c'est celle de la majorité.

Si l'on veut juger de l'influence politique de la presse, qu'on lise les lignes suivantes que j'ai trouvées, il y a peu de jours, dans un journal, et que je livre aux méditations de qui de droit :

« En 1852, pas de liberté de presse, pas de candi-
« dats opposants ;

« En 1857, un petit réveil dans les journaux,
« cinq députés opposants ;

« En 1863, quelque liberté, une trentaine d'oppo-
« sants ;

« En 1869, de la liberté, près de cent oppo-
« sants. »

Une loi sur la presse est encore à faire, une loi
qui laisse aux écrivains et aux journalistes le droit
de tout dire, mais à leurs risques et périls, que je
veux sérieux ; une loi qui, sans apporter des entra-
ves à la multiplicité croissante des journaux, mette
le journaliste à sa place, et nous préserve du spectacle dont nous sommes trop souvent les témoins, celui d'un faux esprit public chauffé à blanc sur des
sujets qui n'en valent vraiment pas la peine.

En somme, la France n'a pas encore acquis l'expérience politique, qui permette à une nation de
marcher d'une allure franche et résolue dans les voies
du progrès : troublée par la foule des idées fausses
et incomplètes qui pullulent dans son sein, elle n'a
sur la solution de divers théorèmes sociaux que des
opinions hasardées, que des notions rudimentaires ;
elle est dans l'enfance et il y a une éducation à faire.

Pourra-t-elle, sans bouleversements et sans révolutions, acquérir elle-même et sans guide, cette éducation sociale et politique indispensable aux peuples
civilisés ?

Est-il possible à l'action napoléonienne de se faire sentir en France dans sa complète efficacité, en d'autres termes, avec la suppression ou l'amoindrissement du pouvoir personnel, arriverons-nous à l'installation et au respect des idées d'ordre et de force?

Questions que je vais essayer de résoudre dans les pages qui suivent.

IV.

LE POUVOIR PERSONNEL

Le grand argument que font valoir contre le gouvernement personnel ses adversaires est celui-ci : nous vivons sous une dictature ; le pouvoir de l'Empereur est exercé par un prince honnête, mais il n'en est pas moins une dictature.

Est-ce une dictature ?

L'histoire nous apprend que dans les circonstances graves de la vie des nations, celles-ci font le plus souvent appel à un homme puissant auquel elles imposent la mission de les sauver.

Cet appel donne naissance à un mandat que le

44

grand homme reçoit du peuple qui se donne à lui, et de ce mandat naît invariablement une souveraineté que sa nature et les circonstances qui l'amènent font nécessairement transitoire.

Voilà la dictature, et n'oublions pas qu'elle est essentiellement transitoire, car son propre est d'être l'expression d'une volonté spontanée, dont l'action a pour but de faire face aux difficultés du moment et de vivre en quelque sorte au jour le jour.

Mais les nations ne pouvant pas se maintenir dans une situation précaire et dépendante de la vie d'un homme, la dictature doit cesser bientôt pour faire place à un régime régulier et *constitutionnel*.

Je viens d'écrire un mot qui exprime bien ma pensée et doit la faire parfaitement comprendre.

La dictature cesse quand le dictateur donne une constitution ; par ce fait, il abandonne le pouvoir dictatorial entre les mains de la nation qui l'en avait investi.

Ces diverses propositions dont personne ne saurait contester la certitude étant établies, recherchons-en l'application dans les faits que nous présente notre histoire contemporaine.

Quand le général Bonaparte revint d'Egypte, la France, qui s'en allait mourante, tendit ses bras vers lui.

Le 2 décembre 1851, elle alla au-devant d'un autre Napoléon, et je constate qu'à ces deux époques la confiance et l'espoir étaient les mêmes.

La France du Directoire se jeta dans les bras de ce jeune héros qui venait de recevoir son baptême de l'Orient, pour qu'il la délivrât des dangers de la coalition européenne et de l'opprobre des pillards qui la volaient et la déshonoraient.

La France de 1851, effrayée de la tour de Babel politique qui se construisait sous ses yeux, appelait à son secours une fois encore Louis Bonaparte dont elle avait déjà fait le chef de l'Etat.

Le prince avait trouvé une république insensée et carnavalesque qui faisait sourire en promenant dans les rues des filles perdues vêtues à la grecque , traînées sur des chars par des bœufs aux cornes dorées, mais qui faisait peur aussi avec ses manifestations menaçantes et ses émeutes formidables.

Le 2 décembre 1851, Louis-Napoléon prit le pouvoir dictatorial et sauva la France.

Née le 18 brumaire, la dictature du général Bonaparte cessa le jour où fut promulguée la constitution qui devait naître du Consulat.

Née le 2 décembre 1851, la dictature du prince Louis Bonaparte cessa le jour où fut, par sept millions de suffrages, ratifié le coup d'Etat et acceptée la constitution qui en était la conséquence.

Quelle similitude entre ces deux époques !

Après le coup d'Etat de brumaire, accueilli avec enthousiasme et reconnaissance, l'empire promulgué est ratifié par les listes d'adhésions ouvertes dans les mairies.

Le 20 septembre 1852, le nouvel empire est proclamé par huit millions de suffrages.

Qu'on ne dise pas qu'elle fut une surprise bien jouée cette proclamation de l'Empire, car dans l'esprit du peuple le nom de Napoléon est synonyme de celui d'empereur et, pour mon compte, je ne connais pas un paysan qui, le 10 décembre 1848, eût, si on le lui avait proposé, refusé de voter pour l'Empire, afin d'en avoir fini plus tôt.

Le pouvoir sous lequel nous vivons n'est donc pas un pouvoir dictatorial, c'est un pouvoir constitutionnel qui a reçu par deux fois la sanction du peuple.

Mais, dira-t-on, la constitution n'est pas parfaite, elle pourrait être modifiée ; cette constitution, telle que nous l'avons reçue, est draconienne et il est souverainement injuste de profiter ainsi à perpétuité du moment de faiblesse qui a poussé une nation à abandonner la gestion de ses propres affaires.

Sans doute, la constitution est perfectible comme toutes les œuvres humaines, mais améliorer n'est pas détruire, et ce serait détruire la constitution que de saper le pouvoir personnel qui est sa force et sa base. La vie des peuples étant après tout plus longue

que celle des individus, les nécessités qui ont amené
telle situation sont moins promptes à disparaître que
vous ne le pensez, et d'ailleurs êtes-vous donc sûr que
1869 ne soit pas pour la civilisation aussi dangereux
que l'était 1851 ?

L'histoire des révolutions est, vous le savez bien,
l'histoire des minorités. Dans les premiers jours de la
Convention, les Montagnards étaient en petit nombre;
souvenez-vous de ce qu'ils sont devenus.

L'Empereur seul, armé de son pouvoir personnel
intact, empêchera les irréconciliables de 1869 de lais-
ser dégénérer en une Convention la prochaine Législa-
ture, et si Napoléon III, cédant au mouvement
libéral qui l'anime, hâte trop son œuvre d'affranchis-
sement, il lui faudra reprendre violemment tout ce
qu'il aura donné, faire un second coup d'Etat et prou-
ver une fois de plus à ce malheureux peuple qu'il
n'est pas mûr pour cette liberté dont il ne connaît
que le nom.

Je n'ai certes pas l'impolitesse de dire à messieurs
les irréconciliables actuels qu'ils ont l'intention de
nous faire couper le cou ; qu'ils se rassurent, leurs
têtes tomberaient les premières ; après eux nous ver-
rions paraître d'autres irréconciliables, et comme
ceux-là je ne les connais pas, je peux dire sans crainte
d'offenser personne que je les crois d'avance capables
de tout.

Objectez-moi, si vous le voulez, d'une part, que le premier décret émis par la République de 1848 a été l'abolition de la peine de mort en matière politique, d'autre part, que nos mœurs qui sont tellement adoucies et que les lumières qui ont pénétré si avant dans les masses empêcheront le retour de pareilles horreurs.

Je vous répondrai, pour ce qui est du décret de 1848, que nous connaissons tous ce qu'en révolution vaut un décret ; que celui-ci m'a paru être un petit contrat d'assurance mutuelle qui m'a plus inquiété que rassuré. Quant aux mœurs adoucies, aux lumières, etc., je vous avoue que des théoriciens politiques qui commencent l'application de leurs systèmes par la destruction des becs de gaz et des kiosques, qui prennent pour programme *Vingt-quatre heures de robes de soie* et qui débutent par le sac de deux ou trois lupanars dans un faubourg, ne m'inspirent aucune confiance.

Mais Paris, me crie-t-on de tous côtés, Paris se lèverait en masse. C'est vrai. Paris a des éclairs de bon sens, quand le mal est fait. C'est pourquoi je ne compte pas sur Paris.

Ivre d'orgueil, Paris croit être à lui seul le pays, et semble ne pas se douter que dans cette province qu'il dédaigne il va se former un courant d'opinion avec lequel il faudra bien compter.

Paris, c'est une grande petite ville qui se laisse conduire par quelques hommes souvent indignes d'elle; qui adopte tout à coup pour un jour une idée, une phrase, un mot qui viennent on ne sait d'où. Paris semble aujourd'hui se prononcer contre le pouvoir personnel qu'hier il acclamait, sait-il pourquoi ?.... Ses journalistes lui ont dit de le faire.

Il se produit contre le pouvoir personnel une sorte d'argument dont la faiblesse n'a d'égal que la naïveté de ceux qui l'emploient.

Voilà dix-huit ans, disent-ils, que sept millions d'électeurs ont créé le pouvoir personnel, combien en est-il de ces électeurs qui soient encore vivants ?

Pourquoi ne pas raisonner de même à propos des électeurs qui ont conféré à Napoléon III le titre d'empereur pour lui et ses descendants ?

Ignorez-vous donc, leur répondrai-je encore, qu'en vertu du principe universel de la solidarité, par les actes importants de leur existence et par la manifestation solennelle de leur volonté, les générations s'engagent, elles et leurs suivantes, de même que les enfants subissent les malheurs de leurs pères, souffrent de leurs fautes, bénéficient de leurs vertus et de leurs grandes actions ?

Je crois avoir sommairement exposé les arguments de ceux qui marchent le visage découvert à l'assaut du pouvoir personnel, pourrai-je passer en revue les adversaires qui, masquant leurs desseins, lui font une guerre souterraine ?

Leurs allées et leurs venues sont si multipliées qu'il m'est impossible de les suivre. Je veux vous montrer seulement la tactique de ceux qui, sentant que l'armée est le soutien du pouvoir personnel et de l'ordre, la poursuivent d'une haine sourde ; l'armée qui est la première gloire française, ils voudraient la déshonorer en demandant que nos soldats, hors du service militaire, fussent privés du port de leurs armes, et cela sous le beau prétexte qu'un ivrogne aura dans un moment de stupide colère tiré son sabre contre de paisibles habitants.

Eh bien ! maintenant, je le demande en toute sincérité, croyez-vous que la France puisse se tirer d'affaire toute seule, se faire à elle-même son éducation politique sans guide et sans maître ?

Franchement, je ne le crois pas.

Voyez, en effet, ces symptômes effrayants de décadence qui se manifestent parmi nous : notre population dont l'accroissement se ralentit et va s'arrêter, la pauvreté, l'incohérence de nos idées qui nous mérite l'application de ces paroles de la Bible : *Imminutæ sunt veritates à filiis eorum.*

Et les hommes qui prennent sur eux la responsabilité redoutable de détruire le pouvoir personnel, quels sont-ils? Rappelez-vous leur passé. Pas un n'a pu construire et amener à bien un système politique ; ceux-ci ont dans leurs états de service la mort de plusieurs gouvernements tués sous eux ; ces autres ont fait trébucher la République qu'ils servaient dans le ridicule et dans l'odieux. L'instinct de destruction les anime tous.

Oh ! quand j'envisage cette situation terrible où le génie du bien se trouve aux prises avec le génie du mal, je prends courage et je considère ce pouvoir personnel annoncé par les événements de l'histoire, ce pouvoir personnel qui, ainsi que le Sauveur des hommes, a eu son précurseur, comme la marque des grands desseins que la bonté divine a sur la France ; elle veut la délivrer des bavards, des barbouillons et des mauvais sujets.

Ne croyez pas que je cherche à faire une évocation de spectre rouge, ce fantôme m'inquiète peu ; ce qui m'épouvante c'est la dissolution sociale ; ce dont j'ai peur, c'est de l'envahissement de ces races jeunes qui n'y mettront pas de formes. Elles nous traiteront en terre conquise, nous enlèveront jusqu'à notre nationalité, mais nous laisseront nos modes, nos articles de Paris, nos théâtres, nos plaisanteries rances, faisant ainsi de nous les bateleurs de l'univers.

. . . .

J'ai fini.

O mon pays, pardonnez-moi mes irrévérences et mes sévérités de langage.

Rendez-moi cette justice qu'animée d'un véritable patriotisme, ma parole est restée étrangère à tout esprit de parti.

Sire,

En considération de la foi qui m'anime, du dévouement inaltérable que je porte à vous-même et à votre dynastie, oubliez la hardiesse que j'ai semblé mettre à indiquer le chemin au bout duquel j'entrevois le salut.

Avec cette sérénité calme qui est une des séductions de votre personne et une des gloires de votre politique, soyez notre maître, enseignez-nous la liberté.

Pensez à l'Empire d'Occident, sauvez la race latine, sauvez-nous!

Quelques hommes aveugles et injustes parleront de

tyrannie, mais nos enfants béniront votre mémoire et ajouteront à votre statue cette couronne sublime et rare qui orne le front des hommes dont on peut dire : Ils furent grands, ils furent bons.

Allez, mon livre, arrivez à votre adresse, de peur que je ne sois réduit à me voiler la tête pour ne pas voir brûler Ilion !